KERSTIN ZAHN
SÜSSES HESSEN
DIE BESTEN REZEPTE
FÜR ALLE GELEGENHEITEN

Gestaltung:
Manfred Nachtigal

Cocon Verlag Hanau
In den Türkischen Gärten 13
63450 Hanau
www.cocon-verlag.de
ISBN 978-3-86314-277-3

Kerstin Zahn

Süßes Hessen

Die besten Rezepte für alle Gelegenheiten

cocon

Inhalt

Rezepte

NACHTISCH

SOSSEN, CREMES, SCHÄUMCHEN UND LATWERGE

WENN ES KALT WIRD

ELEGANTES HESSEN

Süßes Hessen

IST DAS ETWAS BESONDERES?

Aber ja! Hessen hat auch auf dem Gebiet der süßen Speisen seine besonderen Spezialitäten. Ein reicher Schatz an Köstlichkeiten, vom einfachen Nachtisch bis zur aufwändigen Tortenkreation, wartet darauf, gehoben zu werden. Rezepte, die sich bewährt haben, werden oft von Generation zu Generation weitergegeben. Dabei sind sie immer wieder neuen Einflüssen und Veränderungen ausgesetzt und werden den jeweiligen Gegebenheiten angepasst.

Wir stellen Ihnen in diesem Buch typisch hessische Desserts, Kuchen, Torten, Aufläufe, Puddings, Soßen und Cremes vor. Gefragt haben wir Mütter und Tanten, Landfrauen, Marktbeschicker, Köche und Freunde, vieles haben wir selbst ausprobiert.
Süße Speisen sind oft der perfekte Abschluss eines Essens, eine Zugabe zum Kaffeekränzchen, manchmal eine ganze Mahlzeit oder einfach mal ein leckerer Seelentröster.

Auf den Zutatenlisten finden sich oft Beeren, Früchte und Obstsorten, die in den hessischen Hausgärten oder auf den Obstwiesen kultiviert werden.
Manches Obst ist regional besonders verankert, wie zum Beispiel Kirschen aus Ockstadt. Wegen ihrer

hohen Qualität werden sie auf den hessischen Wochenmärkten mit ihrer Ortsbezeichnung angeboten.

Hessen ist aber vor allem ein Apfelland. Kein Wunder, dass dieses runde und gesunde Kernobst in diesem Buch bei einer großen Zahl an Rezepten vertreten ist. Welcher aber ist der richtige Back- und Kochapfel?

Die Apfelernte beginnt im Juli mit dem Weißen Klarapfel. Dieser ist erst grün, später, im ausgereiften Stadium, gelb und nur zwei Wochen lagerfähig. Bereits im August endet die Erntezeit dieses Frühapfels. Der Weiße Klarapfel eignet sich hervorragend zum Backen, da er sehr mürbe wird. Auch für Apfelkompott ist er gut verwendbar, da dieser eine schöne helle Farbe bekommt und nicht nachdunkelt.

Ende August beginnt die Erntezeit des Gelben Edelapfels, einer alten Sorte, die heute kaum noch angebaut wird. Auch dieser Apfel ist nicht gut lagerfähig; er kann höchstens bis zur Weihnachtszeit aufbewahrt werden. Dafür hat er einen wunderbar zitronigen Duft und Geschmack. Der Gelbe Edelapfel gilt als Krone des Backapfels.

Ab September wird der Elstar geerntet, eine Kreuzung zwischen Golden Delicious und Ingrid Marie. Diese Apfelsorte wird in Deutschland häufig angebaut und ist sehr ertragreich. Seine leichte Säure und seine schöne Farbe machen den Apfel sehr beliebt. Auch er eignet sich sehr gut zum Backen.

Noch etwas aromatischer ist der „Schöne aus Bos-
koop", der heute im Handel schlicht als Boskop ge-
führt wird. Ab Oktober beginnt die Erntezeit des roten
und grünen Boskop. Gut gelagert, hält er sich bis in
den Mai. Der Apfel ist angenehm säuerlich und ge-
schmacksintensiv. Er eignet sich wegen seiner relativ
harten Schale auch gut als Bratapfel.

Nicht wegzudenken aus der hessischen Küche sind
Pflaumen und Zwetschgen.
Die Zwetschge, als Unterart der Pflaume, ist meist
oval mit festerem Fruchtfleisch. Ihr Kern lässt sich
leicht auslösen. Deshalb werden meistens Zwetschgen für den Kuchen verwendet.
Die Pflaume gibt es in vielen Farben und Varianten.
Die häufigste Form ist eher rund, der Kern ist nicht
gut auslösbar. Sie hat eine deutliche Bauchnaht und
ist sehr saftig. Deshalb ist sie besonders gut für Mus
geeignet.
Wie das hessische Pflaumenmus hergestellt wird, be-
schreiben wir in der Rubrik Soßen, Cremes, Schäumchen und Latwerje.

Klassiker für alle Festlichkeiten

Es gibt Kuchen und Torten, die bei festlichen Gelegenheiten immer wieder auftauchen. Zur Taufe, zum Geburtstag, zur Hochzeit oder bei der Totenfeier gibt es nach wie vor „Riwwelkuche", beim „Tröster" werden den Trauergästen die „Totenweck" angeboten.

Wenn bei großen Familienfesten viele Gäste bewirtet werden müssen, bevorzugt man Blechkuchen. In vielen Dörfern gibt es noch den Brauch, Kuchen „vorbei zu tragen". Das heißt, gute Bekannte bekommen einige Stücke Blechkuchen gebracht, als Geste der Verbundenheit und als Dank für gute Wünsche, für Beileidsbekundungen oder für ein Geschenk. Meist ist Hefeteig die Grundlage dieser Blechkuchen. Das Grundrezept finden Sie auf Seite 15.

Wir haben hier Rezepte zusammengestellt, die besonders häufig vorkommen, deren Ursprung aber oft nicht mehr feststellbar ist, da sie von Mund zu Mund weitergereicht werden.

Einen Nachweis aber können wir führen, nämlich den für Oma Köhlers Apfelkuchen. Familie Köhler ist in Bruchköbel ansässig und betreibt schon seit vielen Jahren einen traditionsreichen Marktstand in Hanau sowie einen Hofladen. Dort gibt es auch den wunderbaren Gelben Edelapfel, den Oma Köhler für ihren leckeren Apfelkuchen mit Quark verwendet.

Ebenso einfach wie speziell ist eine Torten-Variante die wir der Firma Köhler aus Hainburg verdanken. Deren Schokoküsse sind nicht nur ein Genuss, wenn man sie einzeln isst. Sie eignen sich auch hervorragend für eine Torte, die Kinder selbst herstellen können.

Eine weitere Besonderheit ist neben dem berühmten Frankfurter Kranz, der natürlich in dieser Rubrik nicht fehlen darf, die Apfelweintorte. Dies ist eine aromatische und fruchtige Torte aus Äpfeln und Apfelwein, die nur noch mit Sahne garniert wird.

Basiswissen

GRUNDREZEPT FÜR HEFETEIG

Die Menge und Zusammensetzung der Zutaten sind bei jedem Rezept angegeben. Die Vorgehensweise ist wie folgt:

1 Mehl in eine Schüssel geben, in die Mitte eine Vertiefung drücken, die zerbröselte Hefe mit einem TL Zucker in die Kuhle geben, mit lauwarmer Milch übergießen und mit etwas Mehl verrühren.

2 So entsteht ein leicht flüssiger Vorteig, der zugedeckt circa 30 Min. an einem warmen Ort gehen soll.

3 Danach werden die restlichen Zutaten hineingearbeitet.

4 Den Teig kräftig kneten und schlagen, bis er Blasen wirft und sich von den Fingern löst.

5 Den fertigen Teig zu einer Kugel formen und in eine mit Mehl bestäubte Schüssel legen. Mit einem Tuch abdecken und noch einmal mindestens 30 Min. gehen lassen, bis er doppelt so groß geworden ist.

6 Vor der Weiterverarbeitung noch einmal durchkneten, bevor der Teig aufs Blech oder in die Form kommt.

Äppel-, Quetsche-, Riwwelkuchen

Zutaten für den Teig:
500 g Mehl
40 g frische Hefe
oder 2 P Trockenhefe
60 g Zucker
60 g Butter
2 EL Öl
1 Ei
250 ml lauwarme Milch
1 Prise Salz

Zutaten für die
Riwwel (Streusel):
250 g Butter
150 g Zucker
1 P Vanillezucker
350 g Mehl
Circa 1–1 ½ kg Obst:
Äpfel, Zwetschgen
oder Kirschen

1 Einen Hefeteig nach dem Grundrezept auf Seite 15 zubereiten.

2 Die Zutaten für die „Riwwel" verkneten und direkt auf dem Teig verteilen oder vorher Apfelschlitze, entkernte Zwetschgen oder Kirschen auflegen und danach die „Riwwel" drüber verteilen.

3 Bei 200 Grad mit Ober- und Unterhitze 35–40 Min. im Ofen backen.

Rotznasenkuchen (Schmandkuchen)

Zutaten für den Teig:
500 g Mehl
40 g frische Hefe
oder 2 P Trockenhefe
250 ml Milch
125 g Zucker
100 g Butter
1 Ei
1 Prise Salz
½ abgeriebene Schale
einer Bio- Zitrone
1 Becher Schmand
Butterflocken

Zutaten für den Belag:
2 Becher Schmand
2 P Vanillezucker
Zimt nach Geschmack

1 Einen Hefeteig nach dem Grundrezept auf Seite 15 zubereiten.

2 Auf einem gefetteten Backblech ausrollen.

3 Mit einem Messer Rauten in den ausgerollten Teig ritzen und ihn mit 1 Becher Schmand bestreichen. Darauf die Butterflocken gleichmäßig verteilen.

4 Bei 200 Grad mit Ober- und Unterhitze circa 20 Min. im Ofen backen, bis der Teig braun ist.

5 Abkühlen lassen.

6 Die übrigen 2 Becher Schmand mit dem Vanillezucker verrühren und auf dem abgekühlten Teig verteilen. Wer den Geschmack mag, kann den Kuchen noch mit Zimt bestreuen.

Mattekuche

Zutaten für den Teig:
500 g Mehl
40 g frische Hefe
oder 2 P Trockenhefe
80 g Butter oder Margarine
250 ml Milch
6 EL Zucker
1 P Vanillezucker
1 Prise Salz

Zutaten für den Belag:
70 g Butter
1,2 kg Quark (Matte)
4 EL Zucker
3 EL Sonnenblumenöl
1 Eiweiß
1 Prise Salz

Zum Aufstreichen:
150 g Schmand
1 Eigelb
2 EL Zucker
1 P Vanillezucker
1 TL Mehl

1 Einen Hefeteig nach dem Grundrezept auf Seite 15 zubereiten.

2 Butter schmelzen und leicht bräunen lassen, alle Zutaten für den Belag mit dem Quark glattrühren und gleichmäßig auf dem Teig verteilen. Anschließend Schmand, Eigelb, Zucker sowie das Mehl verrühren und über der Quarkmasse verteilen.

3 Im vorgeheizten Backofen bei 200 Grad mit Ober- und Unterhitze circa 25–30 Min. backen.

Oma Köhlers Apfelkuchen

Zutaten für den Hefeteig:
375 g Mehl
25 g frische Hefe
oder 1 P Trockenhefe
125 ml lauwarme Milch
1 Ei
75 g Zucker
1 Prise Salz
75 g zimmerwarme
Butter oder Margarine
1 P Vanillezucker

Zutaten für den
Quarkbelag:
500 g Quark, 20 % Fett
1 P Vanillezucker
200 g Zucker

Zutaten für die
Streusel:
125 g Butter
100 g Zucker
200 g Mehl
1 Prise Zimt

Belag:
2 kg Gelber Edelapfel
oder ein anderer säuerli-
cher Apfel

1 Einen Hefeteig nach dem Grundrezept auf Seite 15 zubereiten.

2 Während der Teig geht, die Quarkcreme vorbereiten, die Äpfel schälen und in Schlitze schneiden.

3 Dann den Teig kneten, auf dem eingefetteten Backblech ausrollen und mit einer Gabel gleichmäßig einstechen. Erst die Quarkmasse auf den Teig streichen, danach die Apfelspalten und zum Schluss die Streusel darauf verteilen.

4 Anschließend den vorbereiteten Kuchen erneut circa 45 Min. gehen lassen. Dann bei 190 Grad mit Ober- und Unterhitze circa 60 Min. im Ofen backen.

Hanauer Brezeln

Zutaten für 10 Brezeln:
250 g Mehl
25 g Hefe
oder 1 P Trockenhefe
75 ml Weißbier
60 g Butter
30 g Zucker
1 Ei
abgeriebene Schale
einer Bio-Zitrone

Zum Bestreichen:
1 Eigelb
30 g zerlassene Butter

Zum Bestreuen:
50 g geriebene Mandeln
50 g Puderzucker

1 Einen Hefeteig nach dem Grundrezept auf Seite 15 zubereiten.

2 Nach dem ersten Aufgehen eine Rolle formen, diese in 10 etwa 50 g schwere Stücke aufteilen.

3 Teigstücke zu 30 cm langen Strängen rollen, Brezeln daraus formen, diese auf ein gefettetes Backblech legen und weitere 20 Min. gehen lassen.

4 Mit dem Eigelb bepinseln und im vorgeheizten Ofen bei 200 Grad mit Ober- und Unterhitze circa 20 Min. backen.

5 Zum Schluss die heißen Brezeln mit zerlaufener Butter bestreichen, mit Mandeln bestreuen und mit Puderzucker bestäuben.

Toteweck (süße Hefebrötchen)

500 g Mehl
80 g Zucker
250 ml lauwarme Milch
1 P Vanillezucker
80 g Butter
25 g frische Hefe
oder 1 P Trockenhefe
1 Prise Salz
1 Ei
1 Eigelb

1 Einen Hefeteig nach dem Grundrezept auf Seite 15 zubereiten.

2 Brötchen formen, mit Eigelb (oder auch mit Milch) bestreichen und noch einmal 15 Min. gehen lassen.

3 Danach bei 200 Grad mit Ober- und Unterhitze circa 20 Min. im Ofen backen, bis die Brötchen braun sind.

4 Wer möchte, kann noch Rosinen in den Teig einarbeiten.

Äppelschlappe (Apfeltaschen)

Zutaten für den Teig:
500 g Mehl
30 g Hefe
250 ml Milch
125 g Zucker
100 g Butter
1 Ei
1 Prise Salz
½ abgeriebene Schale eseiner Bio-Zitrone

Zutaten für den Belag:
1 kg Äpfel
Zitronensaft
Puderzucker

1 Einen Hefeteig nach dem Grundrezept auf Seite 15 zubereiten.

2 Äpfel schälen, entkernen und in kleine Würfel schneiden. Teigkreise mit einer großen Tasse ausstechen, etwa so groß wie eine Untertasse.

3 Mit den Äpfeln (wem es schmeckt auch mit Rosinen) belegen und zu einer Teigtasche schließen.

4 Anschließend bei etwa 200 Grad mit Ober- und Unterhitze circa 20 Min. im Ofen backen.

5 Aus dem Zitronensaft und dem Puderzucker einen Zuckerguss herstellen und die Äppelschlappe damit bestreichen.

Äppelferz (fettgebackene Apfelteigknoten)

Zutaten für das Apfelmus:
5 große Äpfel
Zitronensaft

Zutaten für den Teig:
500 g Mehl
40 g Hefe
oder 2 P Trockenhefe
70 g Zucker
70 g Butter
1 Tasse warme Milch
1 Ei
1 Prise Salz

Zutaten für die
Zucker-Zimt-Mischung:
1 P Vanillezucker
Zucker
Zimt
Fett oder Öl zum
Frittieren

1 Die Äpfel waschen, schälen, vierteln, mit etwas Zitronensaft und ein wenig Wasser im geschlossenen Topf so lange garen, bis sie ganz weich sind.

2 Das Mus durch ein Sieb streichen und bei Bedarf etwas süßen.

3 Einen Hefeteig nach dem Grundrezept auf Seite 15 zubereiten.

4 Den Teig zu einer Rolle formen, diese in 10 gleich lange Stücke teilen und zu jeweils etwa 25 cm langen Strängen rollen. Die Stränge zu Knoten formen und noch einmal 5 Min. gehen lassen.

5 Die Teigknoten in der Fritteuse ausbacken und gut abtropfen lassen. Die Gebäckstücke anschließend mit einer Spritztülle mit dem Apfelmus füllen und in einer Zucker-Zimt-Vanillezucker-Mischung wälzen.

Kräppel (Berliner)

500 g Mehl
40 g frische Hefe
oder 2 P Trockenhefe
60 g Zucker
60 g Butter
2 EL Öl
1 Ei
250 ml lauwarme Milch
1 Prise Salz
Frittierfett

1 Einen Hefeteig nach dem Grundrezept auf Seite 15 zubereiten.

2 Vor dem Weiterverarbeiten den Teig noch einmal kräftig durchkneten und auf einer bemehlten Arbeitsfläche 3 cm dick ausrollen.

3 Mit einem Glas Kreise ausstechen und diese in einer Fritteuse 5 Min. backen.

4 Je nach Geschmack können die Kräppel mit einer Spritztülle mit Marmelade, Pflaumenmus oder Apfelweincreme gefüllt werden.

Äppelränzche (Apfeltaschen)

Zutaten für den Teig:
250 g Mehl
65 g Butter
125 g saure Sahne
oder Crème fraîche

Zutaten für die Füllung:
400 g Äpfel
40 g Zitronat
40 g Zucker
1 Prise Zimt
1 Schuss Apfelwein
1 walnussgroßes Stück
Butter
1 Eigelb

1 Die Äpfel schälen, entkernen und in nicht zu große Stücke schneiden. Anschließend mit den anderen Zutaten für die Füllung halbweich schmoren.

2 Aus Mehl, Butter und saurer Sahne den Teig herstellen und diesen dünn möglichst quadratisch ausrollen.

3 Dann mit dem Küchenrädchen in 8–10 cm große Quadrate teilen.

4 Die Ränder der Quadrate mit Ei bestreichen.

5 Die Hälfte der Quadrate mit den Äpfeln belegen. Die anderen Hälften darüber decken, an den Rändern festdrücken und die fertigen Taschen mit Ei bestreichen.

6 Bei etwa 160 Grad mit Ober- und Unterhitze im Ofen backen, bis die Ränzchen goldbraun sind.

Schwimmbadtorte (Stachelbeer-Baiser-Torte)

Zutaten für den Teig:
100 g Margarine
100 g Zucker
1 P Vanillezucker
4 Eigelb
125 g Mehl
2 TL Backpulver

Zutaten für das Baiser:
4 Eiweiß
150 g Zucker
100 g Mandelplättchen

Zutaten für die Füllung:
500 g Stachelbeeren
1 P Tortenguss, hell
2 Becher Schlagsahne

1 Margarine, Zucker und Vanillezucker schaumig rühren, die Eigelbe einzeln dazugeben. Mehl-Backpulver-Mischung auf den Teig sieben und verrühren.

2 Die Teigmasse halbieren und auf 2 Springformen verteilen. Eiweiße steif schlagen, den Zucker nach und nach dazugeben und auf den beiden Teighälften verstreichen. Danach die Mandelplättchen auf der Eiweißmasse verteilen. Das Ganze bei 200 Grad mit Ober- und Unterhitze circa 20 Min. im Ofen backen und anschließend auskühlen lassen.

3 Die Stachelbeeren säubern, waschen, abtropfen lassen und anschließend auf einem der beiden Tortenböden verteilen. Den Tortenguss nach Anleitung zubereiten und auf den Stachelbeeren verteilen.

4 Darauf die steif geschlagene Sahne geben.

5 Den zweiten Tortenboden in 12 Tortenstücke schneiden und auf die Sahne legen.

Holunderkuchen

Zutaten für den Teig:
500 g Kartoffeln
400 g Mehl
50 g Speisestärke
2 Eier
1 Prise Salz
1 Msp Muskat
100 g Butter

Zutaten für den Belag:
600 g Holunderbeeren
2 Eier
150 g Zucker
200 g Schmand

1 Die Kartoffeln waschen und in kochendem Wasser etwa 20 Min. weich garen, abgießen und abkühlen lassen. Die Kartoffeln schälen und durch eine Kartoffelpresse drücken.

2 Das Kartoffelpüree mit Mehl, Speisestärke, 2 Eiern, 1 Prise Salz, Muskat, Butter und 50 g Zucker zu einem festen Teig verkneten.

3 Anschließend den Teig auf einer bemehlten Arbeitsfläche ausrollen.

4 Den Teig im vorgeheizten Backofen bei 200 Grad mit Ober- und Unterhitze circa 20 Min. vorbacken.

5 Die Holunderbeeren von den Stielen abzupfen, waschen und gut abtropfen lassen. Anschließend die Beeren auf dem Teig verteilen.

6 Die restlichen Eier mit dem Zucker schaumig rühren und den Schmand untermischen.

7 Die Masse über den Kuchen geben und diesen weitere 15 Min. backen.

Frankfurter Kranz

Zutaten für den Teig:
4 Eier, getrennt
125 g Butter
125 g Zucker
abgeriebene Schale
einer Bio-Zitrone
150 g Mehl
100 g Speisestärke
½ P Backpulver

**Zutaten für die Butter-
creme und die Füllung:**
500 ml Milch
100 g Zucker
1 P Vanillepudding
250 g Butter
100 g Puderzucker
8 EL Kirschmarmelade

Krokant zum Bestreuen

1 Die Eier trennen.

2 Butter schaumig schlagen und abwechselnd die Eigelbe und den Zucker mit der Butter zu einer feinen Creme verarbeiten.

3 Die abgeriebene Zitronenschale mit Mehl, Speisestärke und Backpulver mischen und unter die Creme heben, bis ein glatter Teig entstanden ist.

4 Eiweiße zu einem steifen Schnee schlagen und unter den Teig heben.

5 Die Masse in eine Kranzform füllen und im vorgeheizten Ofen bei 180 Grad mit Ober- und Unterhitze 30 Min. backen.

6 Aus der Form stürzen und abkühlen lassen.

7 Aus der Milch, dem Zucker und dem Vanillepuddingpulver einen Pudding kochen und diesen abkühlen lassen, dabei öfter umrühren.

8 Die Butter mit dem Puderzucker schaumig rühren und mit dem abgekühlten Pudding gleichmäßig verrühren. Wichtig ist, dass der Pudding und die Butter etwa die gleiche Temperatur haben, sonst gerinnt die Butter.

9 Den Kranz zwei- bis dreimal horizontal durchschneiden und jede Lage mit Buttercreme und Marmelade bestreichen.

10 Es muss noch Buttercreme übrig bleiben, um den gesamten Kranz von außen damit zu umhüllen, nachdem die drei bis vier Teile zum Kranz zusammengefügt wurden.

11 Zuletzt die Torte rundum mit dem Krokant bestreuen und mit der restlichen Buttercreme und der Marmelade verzieren.

Apfelweintorte

Zutaten für den Teig:
250 g Mehl
½ TL Backpulver
1 Ei
125 g Zucker
125 g Butter

Zutaten für den Belag:
1 kg Äpfel (Rubinette oder
Goldparmäne)
750 ml Apfelwein
200 g Zucker
2 P Vanillepudding

Für die Dekoration:
2 Becher Schlagsahne
Zimt

1 Ei, Butter, Zucker und die Mehl-Backpulver-Mischung zu einem Knetteig verarbeiten (die Butter muss kalt sein) und eine gefettete Springform damit auslegen. Dabei einen 3 cm hohen Rand stehen lassen.

2 Äpfel schälen, in Schnitze schneiden und auf dem Boden verteilen.

3 Apfelwein und Zucker kurz erwärmen. Vanillepuddingpulver in einer Tasse mit etwas Apfelwein anrühren und in den kochenden Apfelwein gießen.

4 Alles zusammen kurz aufkochen lassen, bis der Apfelwein cremig wird und anschließend über die Äpfel geben.

5 Den Kuchen bei 180 Grad mit Ober- und Unterhitze circa 50 Min. im Ofen backen und über Nacht auskühlen lassen.

6 Am nächsten Tag die Sahne steif schlagen und die Torte damit bestreichen. Obendrauf kommt noch etwas Zimt.

Schokokusstorte

1 Biskuit-Tortenboden
1 Becher Schlagsahne
1 P Sahnesteif
12 Schokoküsse
250 g Magerquark
Saft einer halben Zitrone

1 Sahne steif schlagen und Sahnesteif zufügen.

2 Die Schokoküsse vom Boden trennen und die Waffelböden für die Dekoration aufheben.

3 Die Kussmasse mit dem Quark und dem Zitronensaft vermengen.

4 Zuletzt die geschlagene Sahne unterheben.

5 Die Masse gleichmäßig auf dem Tortenboden verteilen.

6 Als Dekoration können Waffelböden, Mandarinen oder Kirschen verwendet werden.

Fast ein Mittagessen

Es tritt immer mehr in den Hintergrund, ist aber nach wie vor sehr beliebt: das süße Mittagessen. Vorher gibt es ein Süppchen oder einen Salat, als Sattmacher aber folgt eine gute Portion der süßen Köstlichkeiten aus Großmutters Küche. Diese Tradition wird in den ländlichen Regionen Hessens noch heute gelebt.

Da Obst, Eier und Milch früher in unmittelbarer Nähe greifbar waren, entstand eine Vielzahl an Rezepten, die auf einer Kombination dieser Zutaten beruhen. Diese Speisen sind meist schnell und unkompliziert zubereitet. In der Regel wird nicht mit Zucker oder Butter gespart – schließlich will man ja satt werden. Trotzdem ist es ein preiswertes Essen, da oft auf bereits vorhandene Zutaten zurückgegriffen wird. Weißbrot oder angetrocknete Brötchen vom Vortag werden beispielsweise zum „Armen Ritter", einem kleinen Festschmaus, verarbeitet.

Zu den aufgeführten Mehlspeisen passen eingekochtes Obst oder auch verschiedene Soßen und Cremes, die wir im Kapitel „Soßen, Cremes, Schäumchen und Latwerge" ab Seite 55 vorstellen.
Zu den aufgeführten Mehlspeisen passen eingekochtes Obst oder auch verschiedene Soßen und Cremes, die wir im betreffenden Kapitel vorstellen.

Apfelauflauf

8 Brötchen vom Vortag
500 ml Milch
4 Eier, getrennt
500 g Äpfel
30 g Butter
70 g Honig
1 TL Zimt
etwas Fett und Semmel-
bröser für die Form
30 g Butter für die Flöck-
chen

Diesen Auflauf
kann man auch
mit Kirschen,
Zwetschgen oder
Apfel-Zwetschgen-
Mischungen
herstellen.

1 Die Brötchen in Scheiben schneiden, die angewärmte Milch über die Brötchen gießen und die Masse zugedeckt ziehen lassen.

2 Eier trennen, Eiweiße zu Schnee schlagen und beiseite stellen.

3 Die Äpfel schälen und in Scheiben oder kleine Stücke schneiden.

4 Butter mit Honig, Zimt und den Eigelben schaumig rühren und mit der Brötchenmasse und den Äpfeln vermischen.

5 Den Eischnee locker unter die Auflaufmasse heben und den Teig in eine feuerfeste Form füllen.

6 Butterflöckchen über der Masse verteilen und den Auflauf bei 180 Grad mit Ober- und Unterhitze 50–60 Min. im Ofen backen.

Apfelwaffeln

250 g Butter
200 g Zucker
2 Eier
1 P Vanillezucker
2 grob geraspelte Äpfel
500 ml Apfelwein
500 g Mehl
1 P Backpulver
Puderzucker zum
Bestreuen

1 Alle Zutaten zu einem Teig verarbeiten, indem zuerst die Butter, der Zucker und die Eier glatt gerührt werden und dann die Äpfel sowie die Mehl-Backpulver-Mischung und der Apfelwein löffelweise zugegeben werden.

2 Das Waffeleisen mit etwas Butter einfetten und erhitzen.

3 Die Waffeln portionsweise backen und mit Puderzucker bestreuen.

Dazu passen Apfelmus, heiße Kirschen oder einfach geschlagene Sahne.

Apfelschräubchen

**Zutaten für 4 Pfannku-
chen:**
200 ml Milch
400 ml Mineralwasser
4 Eier
1 Prise Salz
200 g Zucker
500 g Mehl
3–4 süße Äpfel
Öl zum Ausbacken
**Zimt und Zucker zum
Bestreuen**

1 Milch, Mineralwasser, Eier, Salz und Zucker zusammen verrühren, danach das Mehl dazugeben und mit dem Schneebesen gut aufschlagen.

2 Ein wenig Öl in einer Pfanne erhitzen.

3 Die Äpfel schälen, das Kerngehäuse entfernen und in Spalten schneiden.

4 Nun die vorgeheizte Pfanne vom Ofen nehmen, den Teig einfüllen und schnell die Apfelspalten fächerförmig in dem noch flüssigen Teig anordnen und von beiden Seiten langsam goldgelb backen.

5 Den Apfelpfannkuchen auf dem Teller so anrichten, dass die Seite mit den Apfelspalten zu sehen ist.

6 Zum Schluss mit Zimt und Zucker bestreuen.

Genuscheltes

Zutaten für den Teig:
100 g Butter
200 g Zucker
75 ml Apfelsaft
200 g gemahlene Mandeln
100 g Apfelschnitze
45 g Mehl

Zutaten für die Schmandcreme:
5 Blatt Gelatine
4 Eigelb
4 EL Zucker
4 EL Apfelbrand
200 ml Apfelwein
500 g Schmand
250 g Schlagsahne

1 Für den Teig die Butter schaumig rühren und langsam alle Zutaten (Mehl zum Schluss) unterheben.

2 Auf einem mit Backpapier ausgelegten Blech löffelweise kleine Teigkugeln auftragen. Zwischenräume nicht zu klein lassen, der Teig läuft auseinander.

3 Im vorgeheizten Backofen bei etwa 200 Grad mit Ober- und Unterhitze circa 5–8 Min. backen und danach auskühlen lassen.

4 Für die Schmandcreme Gelatine in kaltem Wasser einweichen.

5 Eigelbe, Zucker und Apfelbrand im Wasserbad bei kleiner Hitze schaumig schlagen.

6 Langsam den Apfelwein unter die Eigelb-Zucker-Apfelbrand-Masse rühren und danach den Schmand unterheben.

7 Die eingeweichte Gelatine auspressen und im Wasserbad schmelzen lassen. Die geschmolzene Gelatine gleichmäßig unter die Eigelb-Apfelmasse rühren.

8 Zum Schluss die steifgeschlagene Sahne unterheben.

9 Die Creme mindestens eine Stunde kalt stellen.

10 Die abgekühlten Apfelküchlein und die Schmandcreme werden in mehreren Schichten aufeinander getürmt.

Birnenstrudel

Zutaten für 4–6 Personen:
1 P Blätterteig aus dem
Kühlregal
3 Birnen
3 EL Semmelbrösel
3 EL Zucker
1 Prise Zimt
2 EL Rosinen
1 Ei
1–2 TL Puderzucker

1 Den Blätterteig auf einer bemehlten Arbeitsfläche auf Backpapier ausrollen.

2 Den Ofen auf 190 Grad vorheizen.

3 Die Birnen vierteln, entkernen (nicht schälen) und in kleine Stücke schneiden.

4 Semmelbrösel, Zucker, Zimt und Rosinen unter die Birnen mischen.

5 Die Birnenmischung mittig längs auf dem Teig verteilen.

6 Das Ei trennen. Die Teigränder mit Eiweiß bestreichen.

7 Mit Hilfe des Backpapiers erst eine lange Seite über den Teig schlagen und mit Eiweiß bestreichen, dann die gegenüberliegende Teigseite darüber schlagen.

8 Die Seiten fest zusammendrücken und den Strudel so auf das Backblech legen, dass die glatte Seite oben liegt und den Strudel mit dem Eigelb bestreichen.

9 Im vorgeheizten Ofen auf mittlerer Schiene bei 190 Grad mit Ober- und Unterhitze circa 25 Min. hellbraun backen.

10 Etwas abkühlen lassen und mit Puderzucker bestreut servieren.

Dazu passt Vanilleeis oder Vanillesoße.

Armer Ritter

**½ Baguette vom Vortag
oder vier alte Brötchen
2 Eier
250 ml Vollmilch
3 EL Sahne
1 TL Zimt
3 TL Zucker
4 EL Butter zum Braten
Je nach Belieben Semmel-
brösel oder Nüsse**

1 Baguette oder Brötchen in
Scheiben schneiden.
2 Eier mit Milch, Sahne, Zimt
und Zucker verquirlen.
3 Die Brotscheiben darin kurz
einweichen lassen.
4 Anschließend die Brotscheiben in einer heißen Pfanne mit
Butter goldbraun braten.
5 Auf Küchenkrepp abtropfen
lassen und sofort anrichten.

Schmeckt besonders gut
mit Vanillesoße.

Man kann die Brotscheiben je
nach Belieben in geriebenen
Nüssen oder Semmelbrösel
wälzen und ausbacken.

Hefeklöße mit Dörrobst

Zutaten für die Hefeklöße:
1 kg Mehl
40 g frische Hefe
oder 2 P Trockenhefe
160 g Zucker
250 g Butter
500 ml Milch
1 Prise Salz
2 Eier

Zutaten für die Dörrobstmasse:
3 P Dörrobst
2,5 l Wasser
100 g Zucker
100 g Butter

1 Einen Hefeteig nach dem Grundrezept auf Seite 15 zubereiten.

2 Danach die Klöße formen und auf ein bemehltes Blech setzen.

3 Das Dörrobst mit Wasser, Zucker und Butter etwa 40 Min. kochen lassen, bis das Obst weich ist.

4 Die Dörrobstmasse auf mehrere Töpfe (etwa 5 cm hoch) verteilen, aufkochen lassen und die Klöße mit Abstand nebeneinander auf die Obstmasse setzten, da sie beim Kochen stark aufgehen.

5 Circa 20 Min. bei geschlossenem Deckel kochen lassen.

Johannisbeersuppe mit Grießklößchen

Zutaten für die Suppe:
300 g rote Johannisbeeren
200 g schwarze Johannis-
beeren
300 ml Wasser
3 EL Zucker
½ P Puddingpulver Vanille-
oder Sahnegeschmack
1 EL gehackte frische Minze
200 ml Schlagsahne

Zutaten für die Grießklöße:
250 ml Milch
1 Prise Salz
50 g Hartweizengrieß
2 Eier
1 P Vanillezucker

1 Die Beeren waschen und mit dem Zucker im Wasser erwärmen.

2 Das Puddingpulver mit einer kleinen Menge Wasser anrühren. Nach dem Aufkochen die Puddingmasse zu den heißen Beeren geben.

3 Die Suppe circa 2 Min. kochen lassen. Zuletzt die Minze hinzugeben und alles erkalten lassen.

4 Die Sahne steif schlagen und unter die erkaltete Suppe heben.

5 Milch mit einer Prise Salz und dem Vanillezucker zum Kochen bringen, den Grieß langsam hinzugeben und verrühren, bis sich die Masse vom Topfboden löst.

6 Die Grießmasse etwas abkühlen lassen und dann die Eier unterrühren.

7 Mit einem Esslöffel kleine Klöße ausstechen und diese in kochendem Wasser circa 10 Min. sieden lassen und anschließend in die Suppe geben.

Gratinierter Apfelreis mit Mandelblättchen

200 g Milchreis
1 Bio-Zitrone
750 ml Milch
250 g Schlagsahne
1 Prise Salz
1 Prise gemahlene Vanille
1 Prise Zimt
4 EL Zucker
50 g Rosinen
4 säuerliche Äpfel
2 EL Mandelblättchen

1 Den Reis waschen, abtropfen lassen und in eine Auflaufform geben.

2 Die Zitrone heiß abwaschen, abtrocknen und die Schale über den Reis reiben. Milch, Sahne, Salz, Vanille, Zimt, Zucker und Rosinen verrühren und über dem Reis verteilen.

3 Die Äpfel waschen, schälen, entkernen und grob raspeln. Die Raspel in den Reis einrühren.

4 Die Auflaufform in den kalten Backofen schieben und bei 200 Grad mit Ober- und Unterhitze circa 50 Min. backen.

5 Nach 15 Min. den Reis einmal umrühren, damit er gleichmäßig aufquellen kann.

6 Nach etwa 50 Min. (der Reis sollte nun fast weich sein) die Mandelblättchen darüber streuen und weitere 5–10 Min. backen.

Vanillesoße, Weinschaum oder eine Rotweinsoße (siehe Soßen, Cremes und Schäumchen) runden das Gratin ab.

Schwarzer Magister

**375 g entkernte Back-
pflaumen
100 g Zucker
Zimt
Saft einer Zitrone
1 walnussgroßes Stück
Butter zum Fetten
1 P Zwieback
4 Eigelb
½ Fläschchen Bitterman-
delöl
4 Eiweiß
125 g Schlagsahne**

1 Backpflaumen am Vortag in Wasser einweichen.

2 Mit 25 g Zucker, etwas Zimt und einem Schuss Zitronensaft circa 20–30 Min. bei schwacher Hitze dünsten.

3 Die Pflaumen in einem Sieb abtropfen lassen und den Saft auffangen.

4 Eine Auflaufform mit der Butter fetten und mit Zwieback auslegen.

5 Darauf abwechselnd Backpflaumen und Zwieback schichten, bis die Form gefüllt ist. Mit einer Lage Zwieback abschließen.

6 Nun den Backpflaumensaft mit den Eigelben, 75 g Zucker, Zimt, dem restlichen Zitronensaft und dem Bittermandelöl vermischen.

7 Die Eiweiße und die Sahne getrennt voneinander steif schlagen und anschließend beides unter die Pflaumensaftmischung ziehen.

8 Die Masse gleichmäßig auf der obersten Schicht Zwieback verteilen und circa 30 Min. bei 160 Grad mit Ober- und Unterhitze im Ofen backen.

Hierzu passt eine leckere Vanillesoße.

Kirschmichel

5 Brötchen vom Vortag
375 ml Milch
125 g Zucker
125 g Butter
4 Eigelb
abgeriebene Schale einer
Bio-Zitrone
4 Eiweiß
1 kg entkernte Kirschen
125 g Butterflöckchen

1 Brötchen in Scheiben schneiden.

2 Milch erhitzen, über die Brötchen gießen und einziehen lassen.

3 Zucker, Butter, Eigelbe und die geriebene Zitronenschale schaumig schlagen und unter die abgekühlte Brötchenmasse rühren.

4 Eiweiße steif schlagen und zusammen mit den Kirschen vorsichtig unter die Brötchenmasse heben.

5 Eine gut ausgebutterte Auflaufform mit der Masse füllen und bei 180 Grad circa 30 Min. mit Ober- und Unterhitze im Ofen backen.

6 Nun die Butterflöckchen gleichmäßig auf dem Auflauf verteilen und weitere 30 Min. backen.

Nach Geschmack kann die Brötchenmasse auch mit Zimt verfeinert werden.

Nachtisch

Ebbes Süßes für hinnerher: Würdiger Abschluss eines guten Essens ist und bleibt ein leckeres Dessert. Natürlich kann alles, was als süße Hauptspeise gereicht wird, auch in kleineren Portionen als Nachtisch serviert werden. In diesem Kapitel finden Sie eine Zusammenstellung von besonders beliebten Desserts, die teilweise Anleihen bei der internationalen Küche machen.

Gezeigt wird aber auch, wie ein Pudding selbst gemacht werden kann – ohne Farb- und Konservierungsstoffe darin. Es braucht etwas mehr Zeit, aber das Resultat ist eine süße Verführung.

Natürlich gehören zur Liste der hessischen Nachspeisen auch ein Hessen-Tiramisu mit Apfelsaft und Apfelmus und ein Frankfurter-Kranz-Tiramisu. Man sieht, ein Blick über den Tellerrand kann nie schaden und beschert uns zwei leckere italienisch-hessische Nachtischkreationen.

Schokoladenpudding

50 g geraspelte Schokolade
500 ml Milch
2 EL Kakaopulver
50 g Zucker
2 EL Speisestärke

Mit einer Vanillesoße schmeckt der Pudding noch mal so gut.

Eine besondere Note erhält der Pudding, wenn man vor dem Erkalten noch 1–2 Schokoküsse (ohne Waffel) unterhebt, sodass weiße Schlieren zu sehen sind.

1 Die Schokolade mit 300 ml Milch in einem Topf zum Kochen bringen. Solange rühren, bis sich die Schokolade vollständig aufgelöst hat.

2 Die restlichen 200 ml Milch, das Kakaopulver, den Zucker und die Speisestärke mit einem Schneebesen verquirlen und in die Schokoladenmilch einrühren und das Ganze aufkochen lassen.

3 Solange weiterrühren, bis die Masse dickflüssig geworden ist, dann in Gläser oder Schüsseln füllen und abkühlen lassen.

Haselnusspudding

100 g Butter
100 g Zucker
1 P Vanillezucker
3 Eier
50 g gemahlene Nüsse
(oder auch Mandeln)
150 g Mehl
50 g Speisestärke
2 TL Backpulver
3 EL Milch

1 Die Butter schaumig rühren und nach und nach den Zucker, den Vanillezucker, die Eier und die Nüsse hinzugeben.

2 Mehl, Speisestärke und Backpulver mischen und durch ein Sieb unter die Milch rühren.

3 Die Masse in eine gut gebutterte, mit gemahlenen Nüssen oder Semmelbrösel ausgestreute Form füllen.

4 Die Form mit einem Deckel verschließen, in einen Topf mit kochendem Wasser setzen und eine Stunde auf kleiner Flamme oder im Backofen bei mittlerer Temperatur garen.

Weckpudding

300 g alte Brötchen, zer-
bröselt
100 g Schlagsahne
50 g Schmand
4 Eier, getrennt
80 g Zucker
1 P Vanillezucker
50 g Mandelblättchen
2 cl Weinlikör
1 geriebener Apfel
50 g weiche Butter
2 EL Semmelbrösel
50–100 ml Milch, bei
Bedarf

Wer es etwas süßer
mag, kann die Bröt-
chen auch durch Rühr-
kuchen ersetzen.

Der Weckpudding wird
traditionell mit einer
Rotweinsoße serviert.

1 Die Brötchenbrösel mit der Sahne und dem Schmand mischen.

2 Eigelbe, Zucker, Vanillezucker, Mandeln und Likör unterziehen und etwas ruhen lassen. Sollte die Masse zu trocken sein, kann bei Bedarf etwas Milch hinzugefügt werden.

3 Eiweiße steif schlagen und gemeinsam mit dem geriebenen Apfel unter den Teig heben.

4 Die Kuchenform (Gugelhupf- oder Rodonkuchenform) buttern und mit Semmelbrösel ausstreuen.

5 Den Teig in die Form füllen, die Form mit Alufolie verschließen und circa 70 Min. im Wasserbad leicht köcheln.

6 Nach dem Garen die Form kalt abschrecken und stürzen.

Hessen-Tiramisu

200 g Löffelbiskuits
125 ml Apfelsaft oder
Calvados
500 g Apfelmus
500 g Sahnequark
200 g Schlagsahne
75 g Zucker
1 P Vanillezucker
Zimt

1 Die Biskuitstäbchen nebeneinander in eine flache Form legen, mit Apfelsaft oder Calvados tränken und mit dem Apfelmus bestreichen.

2 Den Sahnequark mit Zucker und Vanillezucker aufschlagen, bis der Zucker aufgelöst ist.

3 Die Sahne steif schlagen und unter den Quark ziehen.

4 Die Quark-Sahne-Masse über dem Apfelmus verstreichen und das Tiramisu mit Zimt bestreuen.

5 Vor dem Servieren sollte die Nachspeise mindestens 2 Stunden kalt gestellt werden.

Frankfurter-Kranz-Tiramisu

Zutaten für den Boden:
5 Eier, getrennt
20 g Puderzucker
5–6 EL heißes Wasser
130 g Zucker
1 Vanillezucker
1 P Vanillepuddingpulver bis 175 g mit Mehl auffüllen
2 TL Backpulver

Zutaten für den Belag:
8 EL Himbeergeist
10 EL Himbeerkonfitüre
500 g Sahnequark
1 P Vanillezucker
50 g Zucker
50 ml Milch
Haselnuss-Krokant
Amarena-Kirschen

1 Eiweiße zu einem steifen Eischnee schlagen, Puderzucker hinzufügen und kräftig durchschlagen.

2 Eigelbe, Wasser, Zucker und Vanillezucker schaumig rühren, darauf den Eischnee geben. Mehl, Backpulver und Puddingpulver darüber sieben und alles vorsichtig verrühren.

3 Den Teig in eine mit Backpapier ausgelegte Springform füllen und bei 200 Grad mit Ober- und Unterhitze circa 30 bis 35 Min. im Ofen backen.

4 Eine Auflaufform mit dem Boden auslegen mit Himbeergeist beträufeln und mit der Himbeerkonfitüre bestreichen.

5 Quark, Zucker, Vanillezucker und Milch zu einer Creme verrühren und auf den Boden verstreichen.

6 Die Creme mit Krokant bestreuen und mit Amarena-Kirschen dekorieren.

7 Vor dem Servieren etwa 3 Stunden kalt stellen.

Schmodder (Hochlandnachtisch)

500 g Schlagsahne
500 g Joghurt
500 g Himbeeren frisch
oder aus dem Tiefkühlfach
500 g Pfirsiche, in kleine
Würfel geschnitten, frisch
oder aus der Dose
Rohrzucker

1 Die Sahne steif schlagen und dann mit dem Joghurt verrühren.

2 Himbeeren und Pfirsichstückchen unterheben.

3 Die Sahne-Obst-Masse in eine schöne Glasschüssel füllen und dann mit Rohrzucker bestreuen.

Soßen, Cremes, Schäumchen und Latwerje

Im folgenden Kapitel bieten wir eine kleine Rezeptsammlung für flüssige, cremige und schaumige Desserts, die einzeln oder als Ergänzung zu Puddings, Pfannkuchen, Waffeln oder einfach als Brotaufstrich genossen werden können.

Bei den klassischen Desserts und im Kapitel „Fast ein Mittagessen" wird auf mögliche Kombinationen mit den folgenden Soßen und Schäumchen hingewiesen. Aber es bleibt natürlich jedem frei überlassen, eigene Varianten zu kreieren.

Für manche Sößchen braucht es ein bisschen Übung, um sie im Wasserbad zu schlagen, bis die richtige Konsistenz erreicht ist. Also Vorsicht – nicht zu heiß werden lassen, alle Zutaten griffbereit stellen und konzentriert dabei bleiben.

Wir wollen hier nicht die vielfältigen Möglichkeiten der Marmeladenherstellung ausbreiten, dies würde ein eigenes Buch füllen. Aber wir konnten uns nicht verkneifen, ein Rezept für Pflaumenmus vorzustellen: Latwerge, Ladwerje oder Leggmerje. Dieser Brotaufstrich trägt in Hessen viele Namen. Ebenso vielfältig sind die Rezepte und Zutaten, die von Region zu Region in Hessen dafür verwendet werden. Früher trafen sich die Frauen eines Dorfes um gemeinsam das Obst zu waschen und zu entkernen. Der große Kessel wurde geheizt, und es wurde die ganze Nacht gerührt und geschwätzt. Wir haben hier eine eher traditionelle Herstellung und ein sehr einfaches Rezept ausgewählt, welches mit relativ wenig Aufwand ein schmackhaftes Mus hervorbringt. Weil es ruhig etwas saftiger sein darf, werden Pflaumen verwendet.

Äppelwoisoße

375 ml Apfelwein
125 ml Wasser
20 g Speisestärke
4 Eier, getrennt
70 g Zucker

1 Den Apfelwein mit dem Zucker und Wasser in einem emaillierten Topf aufkochen.
2 Die Stärke mit etwas Wasser anrühren, in die Flüssigkeit gießen und kräftig rühren, bis diese eindickt.

3 Den Topf vom Feuer nehmen.
4 Eigelbe mit etwas heißer Soße verquirlen, in den Topf geben und gut verrühren.
5 Eiweiße zu Schnee schlagen und vorsichtig unter die Soße heben, anschließend kaltstellen.

Johannisbeerschaum

2 P gemahlene Gelatine (rot)
200 ml roter oder schwarzer Johannisbeersaft
200 ml Apfelwein
Saft einer Zitrone
2 Eiweiß
200 g Zucker
1 ½ Becher Schlagsahne
1–2 EL Johannisbeergelee

1 Die Gelatine in einen Topf geben und 10 Min. in kaltem Wasser gemäß Packungsangabe einweichen. Anschließend vorsichtig auf dem Herd erhitzen, bis die Gelatine flüssig wird.

2 Den Johannisbeersaft, Apfelwein sowie Zitronensaft hinzugeben und erhitzen, aber nicht kochen.

3 Das Ganze im Kühlschrank abkühlen lassen.

4 Wenn die Masse anfängt dicklich zu werden, die Eiweiße mit dem Zucker zu einer festen schaumigen Masse schlagen.

5 Einen Becher Schlagsahne steif schlagen.

6 Die Gelatinemasse unter den Eischnee ziehen und die Sahne unterheben.

7 Die Creme in Dessertgläser oder Schälchen füllen und im Kühlschrank fest werden lassen.

8 Die restliche Schlagsahne steif schlagen und auf die Creme spritzen.

9 Zur Verzierung kleine Punkte aus Johannisbeergelee in die Mitte setzen.

Rotweinsoße

400 ml Rotwein
40 g Rosinen
120 g Zucker
etwas Zimt
1 Streifen Zitronenschale
1 Nelke
10 g Speisestärke

1 Die Rosinen in etwas Rotwein einweichen.
2 Den restlichen Rotwein mit Zucker, Zimt, Zitronenschale und Nelke aufkochen.
3 Etwas davon abnehmen und mit der Stärke anrühren.
4 Damit die Soße binden.
5 Die Rotweinsoße durch ein Sieb gießen und die eingeweichten Rosinen als Einlage in die Soße geben.

Verwenden Sie zum Kochen immer den Wein, den Sie auch gerne trinken.

Weinschaum

3 Eigelb
2 ½ Blatt Gelatine
180 g Zucker
200 ml Weißwein
450 ml Schlagsahne

1 Die Eier trennen.

2 Die Gelatine in kaltem Wasser einweichen.

3 Den Wein mit dem Zucker aufkochen.

4 Eigelbe mit dem Zucker-Weingemisch über einem Wasserbad schaumig schlagen.

5 Die eingeweichte Gelatine ausdrücken und in die Masse geben.

6 Nachdem die Weinmasse zu gelieren beginnt, die steif geschlagene Sahne gleichmäßig unterheben.

7 Vor dem Servieren nochmal 30 Min. kalt stellen.

Vanillesoße

250 ml Milch
125 ml Sahne
2 Vanillestangen
3 Eigelb
1 EL Zucker

1 Die Milch mit der Sahne aufkochen.

2 Die Vanillestangen längs aufschneiden, mit einem kleinen Messer das Mark herauskratzen und in die Milch geben.

3 Die Eigelbe mit dem Zucker schaumig rühren.

4 Diese Masse jetzt langsam in die kochende Milch einrühren und etwa 2 Min. ziehen lassen.

5 Die Soße darf jetzt nicht mehr kochen.

6 In eine Schüssel umfüllen und kalt stellen.

Die Vanillesoße können Sie zu fast allen Desserts servieren und durch Zugabe verschiedener Spirituosen variieren.

Apfelkompott

500 g Äpfel
5 EL Wasser
80 g Zucker
1 TL Zitronensaft
Zimt

Für Apfelkompott sind am besten herb säuerliche Sorten geeignet, wie Boskop oder auch Berlepsch.

1 Die Äpfel schälen, entkernen und in kleine Würfel schneiden. In einen Kochtopf geben und mit etwa 5 EL Wasser bedecken.
2 Zucker und Zitronensaft hinzufügen.
3 Den Deckel auflegen und alles einmal kurz zum Kochen bringen.
4 Auf die kleinste Stufe zurückschalten und die Äpfel ohne Deckel in circa 10 Min. weich kochen. Dabei nicht zu oft umrühren, damit die Apfelwürfel nicht zerfallen.
5 Je nach Geschmack das Kompott noch mit etwas Zimt würzen und abkühlen lassen.

Hexenschnee (Apfelschnee)

2 Eiweiß
10 EL Apfelmus
Zitronensaft

1 Die Eiweiße steif schlagen.
2 Nach und nach das Apfelmus und den Zitronensaft dazugeben. Ruckzuck ist ein leckerer Nachtisch gezaubert.

Vanilleschaum

80 ml Milch
125 g Schlagsahne
30 g Zucker
1 Vanilleschote
oder 1 P echter Vanillezucker
3 Eigelb

1 Die Milch mit der Sahne, dem Zucker und dem Mark einer Vanilleschote zum Kochen bringen.

2 Die Eigelbe verrühren.

3 Die heiße Sahne-Milch-Mischung ins Wasserbad stellen und Eigelbe langsam zugießen.

4 Mit einem Schneebesen so lange schlagen, bis die Soße dicklich wird.

Preiselbeersoße

500 g Preiselbeeren
250 g 1:1 Einmachzucker
300 ml Wasser
Saft einer Zitrone
25 ml Fruchtlikör

1 Alle Zutaten kalt vermischen und langsam zum Kochen bringen.

2 10 Min. unter Rühren aufkochen lassen.

3 Die Beeren kurz pürieren und durch ein feines Sieb streichen.

Wer mag, kann die warme Preiselbeersoße noch mit frischen Beeren verfeinern.

Latwerge, Ladwerje, Leggmerje (Pflaumenmus)

3 kg Pflaumen
1 kg Zucker, wahlweise
weiß oder braun
2 Zimtstangen
3–6 Nelken

TRADITIONELLE METHODE

1 Die Pflaumen waschen, entkernen und in einen großen Topf schichten.
2 Bei niedriger Temperatur die Früchte mindestens 12 Stunden auf dem Herd langsam einköcheln lassen.
3 Dann erst den Zucker unterrühren.
4 Wenn einmal mit dem Rühren angefangen wurde, muss es auch fortgesetzt werden, bis das Mus eine schwarze Färbung annimmt.

Je nach Wunsch können Zimtstangen und ganze oder gemahlene Nelken mitgekocht werden.

SCHNELLE BACKOFEN-
METHODE

1 Das entsteinte Obst mit Zucker, Zimt und Nelken vermischen und in einer für den Backofen geeigneten Form circa 3 Stunden Saft ziehen lassen.

2 Anschließend die Früchte mindestens 3 Stunden bei 180 Grad mit Ober- und Unterhitze im Backofen eindicken lassen.

3 Damit der entstehende Dampf abziehen kann, anfangs einen Kochlöffel in die Backofentür klemmen.

4 Wer möchte, kann die Masse mit einem Zauberstab fein pürieren.

5 Das Mus in heiße Gläser füllen, mit dem Schraubdeckel verschließen und das Glas auf den Kopf stellen, bis es kalt ist.

Wenn es kalt wird

Gerade wenn es draußen kalt wird, ist eine leckere Süßigkeit wichtig für die Seele.

Im Mittelpunkt dieser kleinen Auswahl steht auch hier der Apfel. Wir haben es eingangs schon beschrieben, es wird im Winter vielleicht noch vereinzelt einen Gelben Edelapfel geben, weit häufiger aber den Boskop. Er hat eine feste Schale und ist leicht mehlig, was ihn gut als Bratapfel verwendbar macht. Dünnschalige Äpfel geraten leicht zu Mus oder sind außen weich und innen noch fest.

Ähnlich dem bekannten Nürnberger Lebkuchen gibt es eine hessische Variante, die wir Ihnen vorstellen möchten: den „Haddekuchen". Er passt gut zum Apfelwein und ist wirklich einfach in der Herstellung. Und natürlich darf eine Frankfurter Spezialität, das „Bethmännchen", nicht fehlen. Auch diese hessische Besonderheit ist erstaunlich einfach herzustellen.

Da darf es draußen ruhig stürmen und schneien. Am warmen Öfchen wird ein Äpfelchen gebacken und dann dürfen Geschichten erzählt werden.

Vielleicht sind ja auch Geschichten dabei, die französischsprachige Glaubensflüchtlinge im 17. Jahrhundert nach Hessen brachten. Sie hinterließen hier nicht nur ihre kulinarischen, sondern auch ihre künstlerischen, kulturellen, sprachlichen und handwerklichen Spuren. So hat die Bezeichnung „Sabayon" für die Soße zum Bratapfel sicher dort ihre Wurzeln.

Bratapfel an Apfelweinsabayon

Zutaten für die Bratäpfel:
4 große Äpfel
100 g grob gehackte Apfelstücke
150 g eingeweichte Rosinen
150 g Zucker
etwas Zimt
100 g gehackte Mandeln
4 cl Rum
50 g Butter

Zutaten für die Apfelweinsabayon:
6 Eigelb
200 g Zucker
250 ml Apfelwein
2–3 cl Apfelkorn

1 Die Äpfel aushöhlen, die gehackten Apfelstücke mit Rosinen, Zucker, Zimt, Mandeln und Rum vermischen und in die Äpfel füllen.
2 Die gefüllten Äpfel mit der Butter bestreichen und bei 200 Grad mit Ober- und Unterhitze für circa 30 Min. im Ofen garen.
3 Eigelbe mit dem Zucker in einer Schüssel im Wasserbad verrühren.
4 Apfelkorn und Apfelwein dazugeben und alles mit einem Schneebesen schaumig schlagen.
5 Dieses Sabayon gleich über die fertigen Bratäpfel geben und servieren.

Bratapfel mit Nuss-Makronen-Füllung

4 große säuerliche Äpfel
75 g geriebene Haselnüsse
oder Mandeln
1 EL Honig
Zimt
1 EL Rum
3 EL Zucker
2 Eiweiß
1 P Vanillezucker
4 EL Kokosraspel
50 g Butter

1 Die Äpfel waschen und das Gehäuse ausstechen.

2 Die Haselnüsse mit Honig, Zimt, Rum sowie 1 EL Zucker verkneten und in die Äpfel füllen.

3 Die Eiweiße steif schlagen, den Vanillezucker sowie den restlichen Zucker einrühren und die Kokosraspel unterheben.

4 Die Kokosmasse nun auf die Äpfel spritzen.

5 Die gefüllten Äpfel mit der Butter bestreichen und bei 200 Grad mit Ober- und Unterhitze für circa 30 Min. im Ofen garen.

Bratapfel in Apfelweinsoße

50 g eingeweichte Rosinen
4 EL Rum
4 große säuerliche Äpfel
Saft einer Zitrone
4 Stück Würfelzucker
2 TL Butter
2 EL gehackte Mandeln
4 TL Preiselbeeren, wahl-
weise auch Pflaumenmus
1 TL Zimt
4 EL Butter

Zutaten für die Soße:
375 ml Apfelwein
125 ml Wasser
4 Eier
70 g Zucker
30 g Speisestärke

1 Rosinen in Rum einweichen.

2 Äpfel waschen und entstielen.

3 Von den Äpfeln waagrecht einen Deckel abschneiden, das Gehäuse entfernen und das Apfelinnere mit Zitronensaft beträufeln.

4 Die in Rum getränkten Rosinen, den Würfelzucker, die Butter, die Mandeln und die Preiselbeeren (oder das Pflaumenmus) miteinander vermengen.

5 Die Äpfel mit der Masse füllen, mit Zimt bestreuen, mit dem Deckel verschließen und eine Butterflocke darauf setzen.

6 In einer Auflaufform bei 200 Grad in Ober- und Unterhitze circa. 40 Min. im Ofen garen.

7 Soße wie auf Seite 57 beschrieben herstellen.

Rotweinkuchen

4 Eier
250 g Zucker
250 g Butter
1 P Vanillezucker
250 ml Rotwein
250 g Mehl
1 P Backpulver
½ TL Zimt
1 TL Kakao
100 g Schokoraspel

1 Die Eier mit 50 g Zucker schaumig rühren.

2 Die weiche Butter mit 200 g Zucker sowie dem Vanillezucker ebenfalls schaumig rühren und anschließend die Eier unterziehen.

3 Rotwein, Mehl, Backpulver, Zimt, Kakao und Schokoraspel dazu geben und gut verrühren.

4 Den Teig in eine gefettete Rodonkuchenform füllen und bei 200 Grad in Ober- und Unterhitze 15 Min. im Ofen backen, danach die Hitze auf 180 Grad reduzieren und weitere 35 Min. backen.

Schmeckt gut mit einem Guss aus dunkler Kuvertüre oder mit einem Puderzucker-Rotwein-Guss.

Apfel-Lebkuchen-Auflauf auf Vanilleschaum mit Holundergelee

Zutaten für den Lebkuchenauflauf:
250 g Lebkuchen
2 Äpfel
etwas Apfelwein
20 g Zucker
2 Eier
100 ml Milch
50 g Zucker
2 EL in Apfelschnaps getränkte Rosinen

Zutaten für den Vanilleschaum:
1 Vanillestange
125 ml Milch
2 Eigelb
60 g Zucker
4 EL Holundergelee

1 Die Lebkuchen in kleine Würfel schneiden, ebenso die geschälten Äpfel.

2 Die Äpfel im gezuckerten Apfelwein kurz aufkochen.

3 Danach die Äpfel mit dem Lebkuchen mischen.

4 Die Eier, 100 ml Milch und 50 g Zucker verquirlen und mit den eingeweichten Rosinen sowie der Apfel-Lebkuchen-Mischung zu einer gleichmäßigen Masse verarbeiten.

5 Diese Masse in gebutterte, mit Semmelbrösel ausgestreute Förmchen geben und bei 200 Grad in Ober- und Unterhitze circa 15 Min. im Ofen backen.

6 In der Zwischenzeit die Vanillestange aufschneiden, das Mark in die Milch schaben und aufkochen.

7 Die Eigelbe mit Zucker schaumig rühren.

8 Die Vanillemilch darüber passieren und im Wasserbad heiß aufschlagen.

9 Zum Anrichten den Schaum auf den Tellern verteilen, die aus den Förmchen gestürzten Aufläufe darauf setzen und mit Holundergelee dekorieren.

Bethmännchen

Zutaten für 50 Stück:
500 g geriebene Mandeln
1 EL Rosenwasser
350 g Zucker
50 g Mehl
50 g ganze Mandeln
1 Eigelb
1 EL Milch

1 Die geriebenen Mandeln mit so viel Rosenwasser vermischen, dass ein halbfester Brei entsteht.

2 Dann den Zucker unter den Brei rühren.

3 Die Masse in einen Topf geben und bei geringer Temperatur unter ständigem Rühren etwas anrösten.

4 Anschließend das Mehl zufügen und alles zu einem festen Teig verkneten.

5 Den Teig gut abkühlen lassen.

6 Aus dem Teig kleine Kugeln formen.

7 Die ganzen Mandeln halbieren und jede Kugel mit drei halbierten Mandeln an den Seiten verzieren.

8 Die Kugeln auf ein Backblech setzen.

9 Das Eigelb mit der Milch verquirlen und die Bethmännchen damit einpinseln.

10 Bei 150 Grad in Ober- und Unterhitze etwa 5 Min. im Ofen backen, bis sie hellbraun sind, dann nochmals einpinseln.

SCHNELLE LÖSUNG FÜR EILIGE

300 g Marzipan
1 Eigelb
50 g geriebene Mandeln
80 g Puderzucker
1 EL Mehl

Aus den Zutaten einen festen Teig kneten und anschließend wie ab **6** beschrieben weiterverarbeiten.

Haddekuche (Hessische Lebkuchen)

70 g Butter oder Margarine
150 g Zucker
1 Ei
35 ml Milch
1 TL Kakao
1 TL Zimt
1 TL Lebkuchengewürz
1 Msp Nelkenpulver
250 g Mehl
½ P Backpulver
1 Eiweiß zum Bestreichen
Mehl für die Arbeitsfläche

1 Den Backenofen auf 180 Grad Umluft vorheizen.

2 Alle Zutaten miteinander vermischen und zu einem festen Teig kneten, bis sich dieser vom Schüsselrand löst.

3 Auf einer bemehlten Arbeitsfläche den Teig 5 mm dick ausrollen.

4 Damit der Teig nicht kleben bleibt, immer wieder ein wenig Mehl auf die Arbeitsfläche streuen.

5 Den Teig in Rhomben schneiden und mit dem Eiweiß bestreichen. In Anlehnung an die Frankfurter Apfelweingläser (die Gerippten) kann man den Haddekuche noch mit Rauten verzieren.

6 Auf einem mit Backpapier ausgelegten Blech bei 180 Grad in Umluft circa 10 bis 12 Min. backen.

Elegantes Hessen

Wenn Sie sich und Ihre Gäste mit einem besonderen Gaumenkitzel verwöhnen möchten, studieren Sie dieses kleine Kapitel. Häufig braucht es etwas mehr Zeit und Geduld, wenn man sich etwas Außergewöhnliches leisten möchte, das ist auch bei einem Nachtisch so. Und es lohnt den Aufwand!

Das Bezaubernde an dieser kleinen Auswahl ist, dass regionale Produkte wie Äpfel, Erdbeeren oder auch Apfelwein gekonnt zu neuen außergewöhnlichen Rezepten variiert werden. Und die Ergebnisse sind erstaunlich: Wo sonst gibt es einen „Apfelweingugelhupf mit Backapfelpflaumenkompott", wie ihn der Hanauer Szenekoch Claus Viering komponiert hat? Oder eine „Vogelsberger Creme", die mit Rotwein-Zimt-Kirschen kombiniert wird.

Bei den eleganteren Desserts sind das Arrangement und die Dekoration besonders wichtig. Da kommt Großmutters Sonntagsgeschirr zur Geltung oder die geschliffenen Kristallgläser werden extra fein poliert.

Pflaumen-Zwieback-Soufflé mit Ingwer-Schokoladen-Soße

Zutaten für das Soufflé:
2 Eier, getrennt
60 g Zucker
1 starke Prise Zimt
1 Prise Salz
200 g frische Pflaumen,
entsteint und in grobe
Würfel geschnitten
6 Zwiebäcke, in grobe
Würfel geschnitten
2 cl Pflaumen- oder Wein-
brand

Zutaten für die Soße:
100 g gehackte Zartbitter-
kuvertüre
70 g Sahne
20 g Zucker
70 ml Milch
1 TL frisch geriebener
Ingwer

1 Eigelbe mit 40 g Zucker, Zimt und Salz schaumig schlagen.

2 Pflaumen, Zwieback und Alkohol hinzufügen und unterheben.

3 Eiweiße mit dem restlichen Zucker aufschlagen und unter die Zwieback-Pflaumen-Masse ziehen.

4 Die Masse in feuerfeste gebutterte und mit Semmelbrösel bestreute Förmchen füllen und im Wasserbad bei 145 Grad circa 20 Min. im Ofen garen.

5 Die Zartbitterkuvertüre mit der Sahne, dem Zucker und der Milch auf dem Herd erwärmen.

6 Erst wenn sich die Schokolade in der warmen Milch und der Sahne aufgelöst hat, den Ingwer hinzufügen.

7 Den Dip auf einen Teller gießen, das Soufflé aus der Form stürzen und auf dem Dip anrichten.

8 Als Dekoration eignen sich ein Zweig frischer Minze oder einige Pflaumenspalten.

Apfelweingugelhupf mit Backapfelpflaumenkompott

Zutaten für den Gugelhupf:
200 g weiche Butter
2 EL Zucker
3 Eier, getrennt
150 g Mehl
125 ml Speierling-Apfelwein

Zutaten für das Kompott:
3–4 säuerliche Äpfel
Butter
Puderzucker
100 ml Quitten-Apfelwein
100 g Backpflaumen

1 Die weiche Butter mit dem Zucker schaumig rühren.

2 Langsam die Eigelbe unterheben, dann das Mehl einrieseln lassen und alles zu einem kompakten Teig rühren.

3 Den Speierling-Apfelwein erwärmen und der Masse zuführen.

4 Eiweiße schlagen und mit einem Schneebesen vorsichtig unterheben, bis keine weißen Flocken mehr zu sehen sind.

5 Kaffeetassen ausbuttern und mit Mehl bestäuben.

6 Kaffeetassen zu 2/3 mit dem Teig befüllen, auf ein Backblech stellen und bei 140 Grad mit Ober- und Unterhitze 25 Min. im Ofen backen.

7 Für das Kompott die Äpfel schälen, vierteln und in Scheiben schneiden.

8 Butter und Puderzucker leicht karamellisieren lassen, die geschnittenen Äpfel dazu geben und mit dem Quitten-Apfelwein weich dünsten.

9 Die Backpflaumen halbieren und zum Schluss unterheben.

10 Den fertigen Gugelhupf aus der Tasse nehmen und zusammen mit dem Kompott anrichten.

Apfeltörtchen mit Speierling-Schaum- soße

Zutaten für die Törtchen:
4 säuerliche Äpfel
50 g Zucker
Zimt nach Geschmack
70 g eingeweichte Rosinen
30 g Mandeln, gemahlen
125 ml Milch
1 Ei
2 Eigelb

Zutaten für die Schaumsoße:
125 ml Speierling-Apfel-wein
3 Eigelb
50 g Zucker

1 Die Äpfel schälen und in feine Würfel schneiden. Mit Zucker, Zimt, Mandeln sowie den Rosinen vermischen und 30 Min. ziehen lassen.
2 Kaffeetassen ausbuttern und zu 2/3 mit der Apfelmasse füllen.
3 Milch, Ei und Eigelbe mixen und über die Masse geben.
4 Ein Backblech mit etwas Wasser angießen, die Tassen darauf stellen und bei 140 Grad mit Unter- und Oberhitze 20 Min. im Ofen garen.
5 Für die Schaumsoße alle Zutaten verrühren und im heißen Wasserbad cremig schlagen.
6 Die Törtchen aus den Tassen stürzen und mit der Schaumsoße anrichten.

Grießknödel auf Erdbeer-Rhabarber-Ragout

Zutaten für das Ragout:
200 g Rhabarber
etwas Zucker
500 ml Wasser
10 ml Quitten-Apfelwein
200 g Erdbeeren

Zutaten für die Knödel:
500 ml Milch
Zucker und Zimt nach Geschmack
200 g Hartweizengrieß
3 Eigelb

1 Rhabarber putzen, in grobe Würfel schneiden und mit etwas Zucker leicht marinieren.

2 Wasser und Quitten-Apfelwein mit Zucker aufkochen und den geschnittenen Rhabarber darin für 2 Min. ziehen lassen.

3 Die weichen Stücke herausnehmen, abkühlen lassen und mit den halbierten Erdbeeren vermischen.

4 Den Sud noch etwas einkochen lassen und über die Früchte geben.

5 Für die Knödel die Milch mit Zucker erhitzen und den Grieß langsam einrieseln lassen und ständig umrühren.

6 Die Masse ist fertig, wenn sie sich vom Topfboden löst.

7 Topf vom Herd nehmen, leicht abkühlen lassen und dann die Eigelbe unter den Grieß rühren.

8 Mit nassen Händen Klöße formen und diese in siedendem Wasser 15 Min. ziehen lassen.

9 Das durchgezogene Ragout in einen Suppenteller geben, die Klöße darauf anrichten und mit Zucker und Zimt bestreuen.

Apfelweintrüffel

400 ml Apfelwein
100 g Butter
100 g Puderzucker
700 g weiße Kuvertüre
1 EL Zitronensaft

1 Den Apfelwein zum Kochen bringen und circa 30 Min. einkochen lassen, bis nur noch etwa 100 ml Apfelwein übrig sind.
2 Die Butter mit dem Puderzucker schaumig schlagen.
3 200 g Kuvertüre in einem Wasserbad schmelzen, kurz abkühlen lassen und dann langsam unter ständigem Rühren in die Butter-Puderzucker-Masse geben.
4 Anschließend den reduzierten Apfelwein und den Zitronensaft so lange einrühren, bis die Masse halb fest, aber noch spritzfähig ist.

5 Die Masse in einen Spritzbeutel füllen und Tupfen auf ein Backpapier spritzen.
6 Kalt stellen, bis die Masse fest ist.
7 Zum Abschluss die restlichen 500 g Kuvertüre im Wasserbad schmelzen, die Trüffel vorsichtig in die Kuvertüre tauchen und im Kühlschrank fest werden lassen.
8 Die Pralinen im Kühlschrank aufbewahren.

Gratinierte Erdbeeren

550 g frische Erdbeeren
500 ml Milch
150 g Zucker
1 Vanilleschote
8 Eigelb
4 Eiweiß
60 g Mehl
100 g Schlagsahne
Puderzucker

1 Die Erdbeeren für das Gratin kurz waschen, gut abtropfen lassen, halbieren und sternförmig auf für den Backofen geeigneten Tellern verteilen.

2 Die Milch mit der Hälfte des Zuckers und der aufgeschlitzten Vanilleschote in einer Kasserolle aufkochen.

3 Die Schote entfernen, das noch anhaftende Mark in die Milch zurückstreifen.

4 Die Eigelbe mit dem Mehl und 1–2 EL der heißen Milch glatt rühren. In die heiße Milch gießen und diese unter kräftigem Rühren etwa eine Minute durchkochen.

5 Vom Herd nehmen und abkühlen lassen, dabei gelegentlich umrühren.

6 Die Eiweiße mit dem restlichen Zucker zu steifem Schnee schlagen und unter die Creme rühren.

7 Die geschlagene Sahne unterheben.

8 Die Vanillecreme über die Erdbeeren verteilen und mit Puderzucker besieben.

9 Bei 200 Grad im vorgeheizten Ofen backen bis die Oberfläche zu bräunen beginnt.

10 Das Erdbeergratin aus dem Ofen nehmen, jeweils eine Kugel Vanilleeis dazugeben, mit Fruchtsoße übergießen, mit Minzblättern garnieren und sofort servieren.

Fruchtsoße kann man mit 100 g püriertem Obst nach Wahl einfach und schnell selbst herstellen.

Gebrannte Schmand-creme mit Bratapfel-mousse

1 Vanilleschote
250 g Schlagsahne
70 g Zucker
5 Eigelb
250 g Schmand
250 g Apfelmus, hausge-macht oder gekauft
Zimt
etwas Orangenschale
1 EL geröstete geriebene Mandeln
1 säuerlicher Apfel
Zucker zum Bestreuen
2 EL Rosinen

1 Die Vanilleschote auf-schneiden, das Mark raus-kratzen und mit der Sahne in einem Topf erhitzen.

2 Den Zucker mit Eigelben und dem Schmand in einer Schüssel kräftig mit dem Schneebesen schaumig rüh-ren, die Vanillesahne zu der Eiermasse fügen, nochmals umrühren.

3 Apfelmus mit Vanille, Zimt, den gerösteten Man-deln und fein geriebener Orangenschale würzen und unter die Sahnemischung heben.

4 Die Masse in kleine feuer-feste Formen geben und mit der Schmandcreme bis zu etwa 2 cm unter dem Rand auffüllen.

5 Die Formen auf ein hohes Backblech stellen, das zu 2/3 mit Wasser gefüllt ist (Wasserbad), bei etwa 120 Grad mit Ober- und Unterhitze 45 Min. im Ofen garen.

6 Danach die Formen herausnehmen, abkühlen lassen (sie müssen richtig kalt sein) und mit normalem Zucker bestreuen.

7 Mit einem Bunsenbrenner abflämmen oder den Backofen auf Grillfunktion stellen und die Creme für 2 Min. hineinstellen.

Garniert wird die Creme mit Minze und glacierten Apfelsegmenten. Dafür die Äpfel in schmale Scheiben schneiden, in Zucker wälzen und ebenfalls im Backofen oder mit dem Bunsenbrenner karamellisieren lassen.

Marinierte Erdbeeren mit Mandel-Krokant-Parfait

Zutaten für die marinierten Erdbeeren:
800 g Erdbeeren
2 TL Honig
4 cl Orangenlikör
2 cl Zitronensaft

Zutaten für das Krokant-Parfait:
500 g Schlagsahne
150 g Zucker
4 Eigelb
100 g gehobelte Mandeln
2 cl Weinbrand

1 Erdbeeren waschen, das Grüne abzupfen.

2 Erdbeeren entweder in Viertel oder in feine Scheiben schneiden.

3 Mit der Mischung aus Honig, Orangenlikör und Zitronensaft marinieren.

4 Die Schlagsahne steif schlagen.

5 Zur Herstellung des Krokants die Hälfte des Zuckers mit den Eigelben erst warm, dann kalt aufschlagen.

6 Von der anderen Hälfte des Zuckers wird ein Karamell hergestellt, indem der Zucker in einer Pfanne so lange gerührt wird, bis er geschmolzen ist und ein zähes braunes Sirup entsteht.

7 Darin werden kurz die Mandeln geröstet.

8 Diese werden dann auf eine geölte Platte gegossen, um zu erkalten und fest zu werden.

9 Anschließend wird der Krokant im Mixer zerkleinert.

10 Die geschlagene Sahne, der Weinbrand und das Krokant werden nun unter die Eimasse gezogen.

11 Die cremige Masse in eine oder mehrere Formen füllen und mindestens 4 Stunden tiefkühlen.

Rhabarber-Quark-Gratin mit Walnuss-Eisparfait

Zutaten für das Walnuss-Parfait:
75 g Walnüsse
4 Eigelb
60 g Zucker
100 g weiße Schokolade
250 g Creme fraîche
250 g geschlagene Schlagsahne

Zutaten für das Rhabarber-Quark-Gratin:
200 ml Apfelsaft
100 g Rhabarber, in 2 cm große Stücke geschnitten
2 Orangen
250 g Quark
2 Eier, getrennt
20 g Speisestärke
1 Vanilleschote
1 cl Rum
50 g Zucker

1 Die Walnüsse in der Pfanne ohne Fett rösten und anschließend fein hacken.

2 Die 4 Eigelb mit Zucker im Wasserbad schaumig schlagen und anschließend noch einmal kalt schlagen.

3 Die Schokolade erhitzen, bis sie flüssig ist und mit den Walnüssen und der Creme fraîche unter den Eischaum heben und verrühren.

4 Die geschlagene Sahne vorsichtig unterheben und die Masse in kleine Förmchen füllen.

5 Das Eisparfait mindestens 4 Stunden in das Gefrierfach stellen.

6 Förmchen nach dem Herausnehmen kurz in warmes

Wasser eintauchen, damit es gestürzt werden kann.

7 Den Apfelsaft aufkochen, den Rhabarber hinzufügen und anschließend erkalten lassen.

8 Die Orangen filetieren.

9 Quark, die 2 Eigelb, Stärke und das Mark der Vanilleschote sowie den Rum zusammen führen.

10 Eiweiße mit Zucker aufschlagen und mit dem gegarten Rhabarber und den Orangenfilets unter die Quarkmasse ziehen.

11 Die Masse in einen flachen Suppenteller geben und bei 180 Grad mit Ober- und Unterhitze circa 8 Min. im Ofen gratinieren lassen.

12 Mit Puderzucker bestäuben und das Walnuss-Eisparfait oben aufsetzen, mit etwas Minze und Himbeerfruchtmark garnieren und sofort servieren.

Vogelsberger Creme mit Rotwein-Zimt-Kirschen

Zutaten für die Zimt-Kirschen:
200 g Kirschen
125 ml Kirschsaft
125 ml Rotwein
Orangenzesten einer Bio-Orange
50 g Zucker
Zimt
1–2 EL Kartoffel- oder Maisstärke

Zutaten für die Creme:
3 Blatt Gelatine
80 g Zucker
3 Eigelb
1 Vanilleschote
150 ml Milch
100 ml Apfelsaft oder Apfelwein
250 g Schlagsahne

1 Kirschen in Kirschsaft und Rotwein erhitzten, Orangenzesten, Zucker und Zimt hinzufügen.

2 Mit Kartoffel- oder Maisstärke leicht abbinden.

3 Die Kirschmasse in einen Suppenteller oder ein Glas geben und erkalten lassen.

4 Die Gelatine in kaltem Wasser einweichen.

5 Zucker, Eigelbe und Vanillemark im Wasserbad in einer Schüssel verrühren.

6 Die Milch und den Apfelsaft in einem Topf zum Kochen bringen und nach und nach in die Eiermasse rühren, bis sich das Eigelb mit der Apfelsaft-Milch-Mischung zu einer Creme verbunden hat.

7 Die eingeweichte Gelatine in der Milch auflösen und zur Creme geben.

8 Die Crememasse in kaltem Wasserbad abkühlen, bis die Gelatine leicht zu stocken beginnt.

9 Dann die geschlagene Sahne unterheben und die Creme auf die Kirschen geben.

Mit geraspelter Schokolade, einem Minzezweig und eventuell Kirschen garnieren.

Beschwipste Kahlgrund-Zwetschgen mit Eis und Weinschaum

Zutaten für den Weinschaum:
3 Eigelb
180 g Zucker
200 ml Weißwein
450 g Schlagsahne
2 ½ Blatt Gelatine

Zutaten für die beschwipsten Zwetschgen:
80 g Zucker
200 ml Rotwein
1 Vanilleschote
50 ml Dirker's Feldzwetschgenwasser
400 g Zwetschgen, halbiert und entkernt
40 g Speisestärke
40 g Puderzucker

Vanilleeis oder Zimtparfait

1 Zuerst den Weinschaum herstellen, weil dieser kühl gestellt werden muss und die Zwetschgen warm serviert werden sollen.

2 Den Zucker mit dem Wein aufkochen.

3 Die Gelatine in kaltem Wasser einweichen.

4 Eigelbe mit dem Zucker-Wein-Gemisch über einem circa 80 Grad warmen Wasserbad schaumig aufschlagen.

5 Dann die eingeweichte Gelatine ausdrücken und in die Masse geben.

6 Wenn die Masse zu gelieren beginnt, die Schlagsahne steif schlagen und gleichmäßig unterheben.

7 Vor dem Servieren mindestens 30 Min. kalt stellen.

Wir Hessen sind aufgeschlossen und blicken gern über den Tellerrand. Bei unseren Exkursionen ins benachbarte Bayern haben wir im Blankenbacher *Brennhaus Behl* im Kahlgrund eine Nachspeise entdeckt, die wir Ihnen nicht vorenthalten wollen. Einen Teil ihres Wohlgeschmacks bezieht die Kreation aus Hochprozentigem, kommt doch bei dieser Leckerei ein edler Tropfen der Brennerei Dirker aus der „Hessenkurve" zum Einsatz. Man sieht also, was die Sinnenfreude und den guten Geschmack angeht, stehen uns die bayerischen Nachbarn in fast nichts nach. Was liegt also näher, als Ihnen diese Kahlgrunder Köstlichkeit als bilaterales Gastgeschenk in diesem Büchlein zu kredenzen.

8 Für die beschwipsten Zwetschgen den Zucker in einem Topf karamellisieren und mit Rotwein ablöschen.

9 Die Vanilleschote der Länge nach aufschneiden und das Mark aus der Schote kratzen.

10 Feldzwetschgenwasser, Vanilleschote und Mark zum Rotweinkaramell hinzu geben.

11 Die entkernten Zwetschgen in die Flüssigkeit legen und 5 Min. köcheln lassen.

12 Die Speisestärke in kaltem Wasser auflösen und im Anschluss den Zwetschgenfond mit der Stärke auf die gewünschte Konsistenz abbinden.

13 Vor dem Servieren mit Puderzucker nach Belieben abschmecken.

14 Das Eis auf einem Teller oder in einer großen Schale anrichten, den Weinschaum darüber gießen und darauf die warmen Zwetschgen geben.